KB148841

물이라는 세계

마을

이라는 세계

염형철 글
도아마 그림

들어가며

물은 우리 주변에서 가장 흔하게 접할 수 있는 물질입니다. 하지만 너무 가까이 있기 때문일까요? 우리는 물의 가치를 알아보지 못하고 함부로 대하는 경우가 많습니다.

저는 물 분야에서 30년째 활동을 하고 있습니다. 강 생태를 지키고, 수돗물을 제대로 만들고, 국가의 물 정책을 만드는 일에 참여해 왔습니다. 지금은 강을 가꾸고, 강을 즐기는 문화를 위해 '사회적협동조합 한강'을 만들어 활동하고 있습니다.

이 책은 우리가 일상적으로 접하는 물과 관련한 다양한 지식을 소개하고 있습니다. 모두 물에 대한 관점과 상식을 넓히기 위해 쓸모 있는 내용입니다. 누구나 쉽게 읽으면서 우리의 지구, 우리의 강, 우리의 기후를 좀 더 가깝게 느끼고 좋아하는 기회가 되기를 바라면서 글을 썼습니다.

그렇지만 가벼운 내용들만 모은 것은 아닙니다. 우리가 진지하게 생각하고 알아두면 좋은 내용들로 구성하고자 했습니다. 왜냐하면 청소년 여러분이 물에 대해 일관되고 올바른

지식을 쌓을 수 있기를 바라기 때문입니다. 특히 언론에 떠도는 잘못된 주장들을 바로잡고자 했습니다. 또한 청소년이 앞으로 살아갈 세상을 위해 관심을 가져야 할 주제도 다루고 있습니다.

이 책을 기획할 때 특정 이슈를 짧게 소개해서 비교적 쉬울 걸로 예상했습니다. 하지만 각 영역의 이슈를 가장 잘 표현하는 사례를 찾고, 내용을 적절히 묘사하기 위해 많은 공부와 검토가 필요했습니다. 짧은 글 속에 깊은 내용을 담으려고 했으니 잘 읽어 주시기 바랍니다.

그림을 통해 책을 더욱 다채롭고 따뜻하게 만들어준 도아마 작가님과, 지루한 과정을 인내하고 적절하게 방향을 잡을 수 있도록 도와준 김상기 대표에게 고마운 마음을 전합니다.

청소년 여러분이 이 책을 재밌게 읽고, 자연환경과 우리 지구의 미래를 다시 생각하는 기회가 되면 좋겠습니다.

차례

들어가며 006

CHAPTER 1 　세계의 물

01 인류가 화성에서 물을 찾는 이유 ◦ 02 지구에서 쓸 수 있는 물은 0.007퍼센트 ◦ 03 깨끗한 물의 부족 ◦ 04 인류의 수명을 크게 늘린 상하수도 ◦ 05 유엔이 정한 세계 물의 날 ◦ 06 화장실이 없는 사람들 ◦ 07 한국의 일상을 채우는 세계의 물 ◦ 08 세계에서 발생하는 물 분쟁 ◦ 09 다국적 물 기업의 탐욕과 실패 ◦ 10 자연으로부터 영감을 얻는 물 관리

칼럼 1. 우리는 하나의 물을 쓰는 지구인 공동체　032
칼럼 2. 가난한 이웃들에게 진정으로 필요한 것　034

CHAPTER 2 　한국의 물

11 유럽과 한국 강의 차이 ◦ 12 한반도의 강은 급하다 ◦ 13 한국은 유엔이 정한 물 부족 국가? ◦ 14 한국은 물 낭비가 심하다? ◦ 15 경제가 발전하면 물을 더 공급해야 할까? ◦ 16 한국의 물값은 싸다? ◦ 17 지하수를 고갈시키는 수막재배 ◦ 18 한국은 해양 국가 ◦ 19 한국에서 가장 큰 환경 사건 ◦ 20 강은 누구의 것인가?

칼럼 3. 세계의 물과 한국의 물　058
칼럼 4. 더 많은 물 시설을 세울 것인가?　060

CHAPTER 3 　도시와 가정의 물

21 수돗물 없는 세상 ◦ 22 지구를 다섯 바퀴나 돌고도 남는 수도관 ◦ 23 수돗물을 마셔도 될까? ◦ 24 가정에서 물을 가장 많이 쓰는 곳은? ◦ 25 생수의 3분의

1은 석유 。26 정수기는 안전할까? 。27 맛있는 물을 마시는 법 。28 지하수가 부족한 섬 。29 도시보다 훨씬 비싼 농어촌의 수도요금 。30 우리는 강에서 무엇을 할 수 있을까?

칼럼 5. 수돗물을 믿고 마실 수 있다면 084
칼럼 6. 우리의 강을 어떡하면 좋을까? 086

CHAPTER 4   생태계와 물

31 여섯 번째 대멸종의 시대 。32 담수 생태계가 위험하다 。33 수도관처럼 정교하게 조작되는 강 。34 녹조가 보내온 경고 。35 가시박으로 뒤덮인 하천 。36 플라스틱을 먹는 새 。37 고래잡이와 보호의 역사 。38 상류보다 맑은 하류의 물 。39 흰목물떼새가 떠난 하천 。40 여의도 샛강에 나타난 수달

칼럼 7. 여섯 번째 대멸종에 맞서는 노력 110
칼럼 8. 생태계교란생물을 어떻게 해야 할까? 112

CHAPTER 5   기후위기와 물

41 유럽의 대홍수 。42 이미 시작된 기후위기 。43 역대 가장 더운 여름 。44 한국의 기후변화 。45 2100년, 조개가 사라진다 。46 점점 가라앉는 한반도 。47 모든 재해는 기후위기 때문일까? 。48 기후위기 맞서 더 많이 개발할 것인가? 。49 자연을 보호하면 재해가 줄어들까? 。50 기후단체 350

칼럼 9. 툰베리와 한국의 청소년기후행동 136
칼럼 10. 사람을 미워하면서 지구를 구할 수는 없지 않은가? 138

나오며 140

CHAPTER 1

세계의

01 인류가 화성에서
물을 찾는 이유

인류는 외계의 생명체를 찾기 위해 다른 행성에 물이 있는지 조사합니다. 물이 있는 곳에 생명체가 있고, 생명체가 있는 곳에 물이 있기 때문입니다. 알려진 모든 형태의 생명체들은 물에 의존합니다. 하지만 액체 상태의 물이 존재하려면 행성에 적당한 온도와 중력 그리고 대기권이 있어야 하는데, 이러한 조건이 갖춰지려면 기적에 가까운 확률이 필요합니다. 과학자들은 우주에 물이 있는 행성의 가능성은 인정하지만 찾을 수 있을지는 장담하지 못하고 있습니다.

◆ 물의 생명현상

생명현상이란 '물에 녹아 있는 물질들에 의해서 일어나는 화학 변화의 결과'입니다. 물이 있어 생명체 내의 물질대사가 이루어지고, 다세포 생명체가 등장할 수 있었습니다. 또 물은 액체 중에서 가장 가열과 냉각이 어려워서 물을 가진 생물은 체온을 유지하기가 쉽습니다. 인체의 약 70퍼센트, 어류는 약 80퍼센트, 수중 미생물은 약 95퍼센트가 물로 구성된 것은 우연이 아닙니다.

지구에서 쓸 수 있는
물은 0.007퍼센트

물은 지표면의 71퍼센트를 덮고 있습니다. 지구상에 존재하는 물의 97.5퍼센트는 바닷물이며, 인간이 이용할 수 있는 담수(민물)는 2.5퍼센트입니다. 그중에서 빙하와 만년설(68.7퍼센트), 지하수와 토양 속 수분(30.1퍼센트)을 제외하면 0.3퍼센트 정도만 남습니다. 이는 지구 전체 물에서 0.007퍼센트에 불과합니다. 그마저도 지역적으로 편중되거나, 계절과 수질오염 때문에 사용이 제한됩니다. 지구는 물이 많은 행성이지만, 인간이 언제 어디서나 풍부하게 물을 쓸 수는 없습니다.

◆ 물의 순환

지구상에 존재하는 물의 총량은 약 133경 톤입니다. 지구의 물은 바닷물, 대기의 수증기, 구름, 토양의 수분, 지표수, 지하수, 동식물 사이에서 순환합니다. 바다와 육지의 물이 대기로 증발하고, 식물로부터 증산합니다. 대기에서 응축된 수증기는 비가 되어 바다나 땅으로 떨어지고, 육지에서 바다로 이어지는 표면 유출로 이어집니다. 이러한 물의 순환에 맞춰 생태계가 조성되고 문명이 적응해 왔습니다.

03 깨끗한 물의 부족

인구 증가로 인한 도시화와 여러 산업에서 배출되는 폐기물 탓에 0.007퍼센트의 담수조차도 오염되어 쓰기 어려운 경우가 많습니다. 안전하게 처리되지 못한 하수, 중금속과 화학물질에 오염된 물은 병원균의 통로가 되어 질병을 일으키고 생태계를 악화시킵니다. 수질을 보호하고 공중 보건을 지키기 위해서는 하수 시설(하수처리장, 하수관)의 보급이 꼭 필요한데, 아직도 전 세계에서 23억 명이 하수 시설 없이 살아가고 있습니다.

◆ 수인성 질병

수인성 질병은 병원성 미생물이 물을 통해 전파되어 일으키는 병입니다. 오염된 물을 마시거나 접하면서 전염되는데, 설사와 구토가 대표적인 증상이며 피부나 호흡기 질환으로도 나타납니다. 개발도상국의 어린이들은 수인성 질병으로 인한 설사로 고통받는 경우가 많습니다. 세계보건기구(WHO)에 따르면 연간 150만 명이 수인성 질병으로 사망하는데, 깨끗한 식수 공급, 공중위생, 개인위생의 부족이 원인입니다.

04 인류의 수명을
크게 늘린 상하수도

과학자들은 '인류의 수명 연장에 기여한 최고의 발명'
으로 상하수도를 꼽은 바 있습니다. 상하수도 시설은
수인성 질병의 위험을 획기적으로 낮췄고, 좁은 면적
의 도시에 대규모 인구가 거주할 수 있도록 했습니다.
근대의 상수도는 모래여과, 염소 소독 등의 정수 시설
과 주철관의 보급으로 가능해진 광대한 수도망으로 구
성됩니다. 하수도는 대규모 하수처리장과 하수관으로
이루어져 있습니다. 물 처리 기술의 발달이 인류에게
최고의 선물을 가져온 것입니다.

◆ 고대 로마의 상하수도

세계 최초의 상수도는 기원전 312년 로마에서 건설된 수도망인 '아쿠아 아피아(Aqua Appia)'입니다. 그 당시 로마제국은 여러 도시에 수도를 만들어 시민들에게 물을 공급했습니다. 로마시에는 수백 개의 공중목욕탕과 분수가 운영됐고, 공중화장실도 있었습니다. 그중 일부는 지금까지도 사용될 정도로 견고합니다. 로마제국의 강력한 수도 시설이 강인한 시민과 위대한 제국을 만들었다고 볼 수 있습니다.

05 유엔이 정한 세계 물의 날

유엔(UN)은 매년 3월 22일을 '세계 물의 날'로 정해 물의 소중함을 되새기고 경각심을 일깨우고 있습니다. 수자원을 보호하고 물 환경을 개선하자는 국제사회의 논의는 1967년 세계물평화회의를 시작으로 꾸준히 이어져 왔으며, 그러한 노력 덕분에 1992년 브라질에서 열린 지구정상회의에서 '세계 물의 날'을 제정할 수 있었습니다. 1993년부터 모든 나라가 '세계 물의 날'을 기념하고 있고, 우리나라도 1995년 이래 행사를 진행하고 있습니다.

◆ 유엔의 지속가능발전목표(SDGs)

유엔은 2015년 제70차 총회에서 2030년까지 인류가 나아가야 할 방향성을 담은 '지속가능발전목표'를 의결했습니다. 모든 사람이 평화와 번영을 누릴 수 있도록 보장하기 위해 17개 목표와 169개의 세부 목표를 제시했습니다. 물과 관련한 내용은 '6번 깨끗한 물과 위생' '12번 책임감 있는 소비와 생산' '14번 해양 생태계'에 담겨 있습니다.

06 화장실이 없는 사람들

세계보건기구에 따르면 제대로 된 화장실이 없어 야외에서 배변하는 사람이 전 세계에서 약 25억 명에 달합니다. 화장실이 없으면 단순히 대소변을 보는 불편함을 넘어서, 교육과 경제활동에도 영향을 미칩니다. 특히 여성들은 화장실이 없는 학교와 회사에서 활동하기 어렵고, 이는 교육과 소득의 격차로 이어집니다. 개발도상국 여성들의 낮은 사회적 지위는 화장실이 부족한 탓도 있습니다.

◆ 클린 인디아 캠페인

인도의 모디 총리는 취임 첫해인 2014년에 인도 전역의 청결과 위생 수준을 높이겠다며 '클린 인디아' 캠페인을 시작했습니다. 그 결과 지난 5년간(15~20년) 약 60만 개의 마을에서 총 1억 개 이상의 화장실이 새로 건설됐습니다. 세계보건기구는 클린 인디아 캠페인으로 인도인 30만 명이 설사와 영양실조에서 벗어나 목숨을 건진 것으로 분석합니다.

07 한국의 일상을 채우는 세계의 물

우리가 이용하는 농산물과 공산품을 생산하기 위해서는 물이 꼭 필요합니다. 한국에서 농산물을 수입하거나 반도체를 수출한다는 것은 세계의 물이 한국으로 유입되고, 한국의 물도 세계로 유출된다는 의미입니다. 이렇게 오고 간 물을 계산하면 국가들의 물 사용량도 분석할 수 있습니다. 개발도상국의 상품이 대체로 많은 물을 사용하고 부가가치가 낮게 평가되기 때문에, 선진국은 개발도상국의 물을 끌어다 쓰는 경우가 많습니다.

◆ 물 발자국(Water Footprint)

물 발자국은 제품의 생산부터 폐기에 이르는 전 과정에서 사용되는 물의 총량을 뜻합니다. 개인이나 지역, 집단 등이 환경에 미치는 영향을 측정하는 지표로도 쓸 수 있습니다. '물 발자국 네트워크'가 발표한 자료에 따르면, 커피 한 잔은 132리터, 계란 한 개는 196리터, 돼지고기 1킬로그램은 5,988리터, 쇠고기 1킬로그램은 15,415리터의 물이 사용됩니다.

08 세계에서 발생하는 물 분쟁

세계자원연구소(WRI)에 따르면 2010년대 물 분쟁은 최소 466건으로, 이전 10년보다 두 배나 증가했습니다. 상류에 있는 국가가 물을 확보하고 전기를 생산하려고 수로를 변경하거나, 하류로 방류하는 물의 양을 조절하면서 분쟁이 발생합니다. 깨끗한 물을 구하기 위한 분쟁은 전 세계 214개의 다국적 하천 대부분에서 일어나며, 전쟁이라도 나면 물은 공격 수단이 됩니다. 기후위기로 물 분쟁이 더욱 빈번해지면서 가난한 지역의 주민들이 가장 큰 피해를 보고 있습니다.

◆ 메콩강의 물 분쟁

메콩강은 티베트에서 시작해 중국, 미얀마, 태국, 라오스, 캄보디아, 베트남까지 6개국을 거쳐 흐르는 강입니다. 상류의 중국과 라오스가 물 공급과 수력발전을 위해 수많은 댐을 건설했고, 그로 인해 물줄기와 물의 흐름이 변경되면서 하류 국가들은 물 이용에 어려움을 겪고 있습니다. 이처럼 무분별한 댐 건설은 환경 문제를 일으킬 뿐만 아니라, 어업과 농업에 종사하는 주민들의 삶도 무너뜨리고 있습니다.

09   다국적 물 기업의
탐욕과 실패

1980~1990년대, 상수도 시설이 부족한 남미와 아프리카에 다국적 물 기업이 활발히 진출했습니다. 이들은 적극적인 투자와 좋은 서비스를 약속했지만, 투자는 소홀히 하면서 수도요금은 재빠르게 올렸고 요금 징수가 안 되면 가차 없이 물 공급을 중단했습니다. 가난한 사람들은 깨끗한 물을 사용할 기회가 줄어들었고, 여러 나라에서 수도 '민영화'를 반대하는 투쟁이 일어나면서 수도를 '재공영화'하기 시작했습니다. 공공재인 물을 시장에만 맡겨 둘 수 없다는 것을 보여준 대표적인 사례입니다.

◆ 물은 인권

유엔은 2010년에 '안전하고 깨끗한 식수와 공중위생에 대한 권리는, 삶의 즐거움을 온전히 누리기 위해 필수적인 인간의 권리'라고 선포한 바 있습니다. 인간의 생존과 품격을 지키려면 깨끗한 물을 안정적으로 공급받는 것이 꼭 필요하므로, 정부와 공동체는 이러한 업무를 가장 기본적인 의무로 삼아야 합니다.

10　　자연으로부터
　　　　영감을 얻는 물 관리

물 관리 시설이나 기술의 발전에도 불구하고 인간이 통제할 수 있는 영역은 한계가 있습니다. 기후위기로 인한 피해를 예측하기 어렵고, 시설을 계속 늘리기엔 비용이 부담됩니다. 이에 꼭 필요한 지역은 적극 방어하되, 자연의 선택과 조정을 받아들이는 '자연기반해법'이 관심을 받고 있습니다. 제방을 높이기보다 제방을 후퇴시켜 물길을 넓혀주고, 과거의 수로를 되살려 피해를 예방하는 방식입니다. 자연에서 영감을 얻고 자연을 모방하는 물 관리라 할 수 있습니다.

◆ 블루그린네트워크

하천은 국토의 구석구석, 마을과 도시 곳곳에 선형으로 뻗어 있는 물이 흐르는 길입니다. 담수 생태계를 연결할 뿐만 아니라, 육상 생태계도 이어줘 '블루그린네트워크'를 만듭니다. 육지는 도로와 도시 등으로 생태계가 조각나서 고립되기 쉽지만, 하천은 어떻게든 연결된다는 특징이 있습니다. 따라서 담수 생태계를 회복시킬 수 있다면, 육상 생태계의 복원까지 기대할 수 있습니다.

칼럼 1. 우리는 하나의 물을 쓰는 지구인 공동체

과거에는 '하나의 우물을 함께 이용하는 마을'이 가장 중요한 공동체였습니다. 그래서 마을을 뜻하는 한자어 '동(洞)'은 '물 수(水)'와 '같을 동(同)'으로 이루어져 있습니다. 또한 '고을 주(州)'도 '내 천(川)'에 섬이 들어가 있는 모습으로, 사람들이 모여 사는 하천을 형상화한 것입니다. 같은 우물을 마시고, 같은 하천에 깃들어 사는 것이 과거의 마을이고 공동체였습니다.

근대에 들어 우물의 역할을 수돗물이 이어받았습니다. 이제 우물이 아닌 수돗물을 함께 사용하는 사람들이 물 정책의 중심에 오게 됐습니다. 넓은 구역의 상수원을 함께 사용하기 위해 이를 보호하고 비용을 분담하는 제도가 발달하기 시작했습니다. 그래서 '한강 유역공동체'나 '낙동강 유역공동체'와 같이 강물이 흐르는 지역의 공동체가 중요해졌습니다.

이제 국가 간 교류가 많아지면서, 공동체의 개념이 지구 전체로 넓어지고 있습니다. 여러 국가를 흐르는 국제 하천을 사이에 두고 곳곳에서 협력이 진행되고 있으며, 무역을 통해 상품의 물 발자국이 세계를 복잡하게 연결하고 있습니다. 브라질에서 농산물을 생산하면서 들어간 물, 독일에서 기계를 가공하면서 사용한 물, 한국에서 영화를 제작하면서 들어간 물 등은 전부 국경을 넘어서 세계로 전달됩니다.

또한 과학의 발전으로 열대성 저기압(태풍, 사이클론, 허리케인)이 저위도의 에너지와 물을 이동시킨다는 것과 세계의 바다를 휘젓는 해류의 대순환에 관한 연구도 활발합니다. 태평양의 해수면 온도가 높아지거나 낮아지는 현상인 엘니뇨와 라니냐의 영향까지 파악하고, 더 나아가 지구의 기온이 상승하면서 대기 중의 수증기가 늘어나고, 열대성 저기압의 강도가 높아지는 것도 확인할 수 있습니다.

이렇게 전 지구적 차원에서 발생하는 문제를 생각할 수 있는 지금, 인류는 생존과 지속가능한 물 정책을 위해 하나의 공동체로서 힘을 모을 필요가 있습니다.

칼럼 2. 가난한 이웃들에게 진정으로 필요한 것

　세계에는 하루 2달러 미만의 수익으로 생활하는 절대 빈곤 인구가 7억 명이 넘습니다(2021년 기준). 전 세계 인구의 10명 중 1명은 인간다운 삶을 살기에 턱없이 부족한 수입으로 생활하고 있다는 뜻입니다. 이들은 대체로 개발도상국의 주민들로, 주거가 불안하고 상하수도의 혜택도 받을 수 없습니다.

　이에 국제사회는 개발도상국의 자립을 위해 공적 개발 기금(원조 및 차관)을 지원하고 있습니다. 개발도상국의 경제성장뿐만 아니라, 개발도상국 주민들의 삶의 질을 전반적으로 향상하는 것을 목표로 합니다. 여기에는 경제적, 인간적, 정치적, 사회적 능력 등을 포함합니다. 하지만 70년이 넘는 원조에도 개발도상국 빈곤층의 삶은 크게 나아지지 않고 있습니다.

　왜냐하면 개발도상국은 부정부패로 국제사회의 지원을 권력자가 독점하는 경우가 많고, 중요한 시설을 건설하더라도 효과가 일부 지역에만 한정되고, 이러한 원조가 자국의 홍보와 정치적 목적을 위해 설계된 경우가 많기 때문입니다.

『작은 것이 아름답다』의 저자이자 경제학자인 E. F. 슈마허는 "환경을 파괴하고 인간의 탐욕을 부추기는 첨단기술이 아니라 중간기술을 사용하는 혁신을 일으켜야 한다"라고 주장했습니다. 중간기술이란 첨단기술과 단순기술의 중간 수준에 해당하는 기술을 뜻합니다.

슈마허는 지역마다 기후와 환경, 의식주, 문화, 생업이 다르므로 효과적인 발전을 이뤄낼 수 있도록 지역에 맞춰 필요한 지식을 제공하는 게 최상의 원조라고 합니다. 그는 지역 밀착형, 적은 환경 부담, 간단한 사용법, 적정 가격 등을 제시했습니다.

지속가능성을 고려하지 않은 기술은 오히려 선진국에 대한 의존을 높이고, 개발도상국의 자립을 가로막을 수도 있습니다. 이처럼 가난한 공동체들이 외부의 지원에 의존하지 않고 기술과 지식을 활용해 지속가능한 해결책을 스스로 마련토록 하는 것이 중요합니다.

CHAPTER 2

한국의

11

유럽과
한국 강의 차이

유럽에서 두 번째로 긴 다뉴브강은 한강보다 5배 이상 길고, 빗물이 모이는 면적인 '유역'은 한강보다 무려 32배나 넓습니다. 그러나 강폭은 한강이 2배나 넓습니다. 이러한 차이는 한국의 기후가 몬순형이라 연간 강수량의 4분의 3이 여름철에 집중되기 때문입니다. 유럽은 강수량이 일정하여 강을 운하로 이용하기 유리하지만, 한국의 강은 큰 홍수를 감당할 수 있도록 강폭이 넓고, 강수량이 일정하지 않습니다. 그래서 한국의 하천부지는 공유지로 남아 공원 등으로 활용하기 좋습니다.

◆ 강과 천

강과 천은 육지 표면에서 대체로 일정하게 흐르는 물줄기를 말하며 한국에서는 큰 물줄기를 '강', 작은 물줄기를 '천'이라고 합니다. 하늘에 내리는 비나 눈은 지표면이나 수면에서 증발하거나 식물체를 거쳐 증산하고, 일부는 지하수가 됩니다. 나머지는 표류수가 되어 항상 낮은 곳을 향해서 흐르는데, 상시적 또는 일시적으로 흐르는 물의 통로인 좁고 긴 저지대를 '하천'이라고 합니다. 하천은 나무의 줄기에 해당하는 본류와 가지에 해당하는 지류로 구성됩니다.

12 한반도의 강은 급하다

한반도의 모든 강은 산에서 시작해 바다로 나갑니다. 강의 길이가 대체로 짧고 가팔라서 강수량이 집중되는 여름철에 물살이 빨라지고 물길도 넓어집니다. 그 이외의 시기에는 물길이 금방 좁아집니다. 하지만 건기에 완벽하게 말라버리는 대륙의 평원과는 달리, 산이 많은 한반도에서는 건기에도 지하수가 흘러나와 물길을 유지합니다. 높은 산과 삼면이 바다라는 한반도의 지형은 역동적인 강, 사계절 맑은 물이 흐르는 강을 만듭니다.

◆ 하상계수

하상계수는 하천의 수량이 연중 가장 많을 때(최대 유량)가 적을 때(최소 유량)의 몇 배나 되는지를 보여주는 지수입니다. 한강은 자연 상태에서 390이고, 최근 20년 평균은 132에 달합니다. 이집트의 나일강이 30, 영국의 템스강이 8인 것과 비교하면, 한국의 강이 얼마나 극단적인지를 알 수 있습니다. 흐르는 물의 양이 급격히 변하는 변화무쌍함이 한국 강의 또 다른 특징입니다.

13 한국은 유엔이
정한 물 부족 국가?

유엔은 한국을 물 부족 국가로 지정한 적이 없습니다. 미국의 연구기관에서 사용한 지표를 잘못 인용한 것이 널리 퍼져서 만들어진 오해입니다. 이 지표에 따르면, 하천으로 흘러드는 수자원량을 인구수로 나눠 1인당 1,000톤 미만이면 물 기근 국가, 1,700톤 미만이면 물 스트레스 국가, 1,700톤 이상이면 물 풍요 국가로 나누는데, 한국은 1,570톤쯤 됩니다. 이러한 방법은 현실을 제대로 반영하지 못합니다. 예를 들어 식수를 구하기 힘든 아프리카 대륙의 나라들이 물 풍요 국가이며, 한국도 인구가 줄어들면 2040년쯤엔 물 풍요 국가가 되기 때문입니다.

◆ 물 빈곤지수(Water Poverty Index)

영국에서 국가의 물 복지 수준을 나타내기 위해 만든 통합적인 지표입니다. 1인당 가용 수자원량, 수자원 접근율, 사회경제적 요소, 물 이용량, 환경 등으로 구성되어 있습니다. 우리나라의 물 빈곤지수는 전체 147개국에서 43위이며, OECD 국가 중에서는 20위입니다. 좁은 국토에 인구 밀도가 높지만, 잘 정비된 기반 시설과 법제도 그리고 시민의식 덕분에 높은 순위를 차지하고 있습니다.

14 한국은 물 낭비가 심하다?

한국이 다른 선진국보다 '물을 낭비한다'라는 주장은 사실이 아닙니다. 한국의 가정에서 사용하는 물은 대부분의 선진국을 포함하여 일본보다도 적습니다. 특히 정원을 가꾸는 유럽이나 미국보다 물 사용량이 많기는 어렵습니다. 한국에서 1인당 물 공급량이 다소 많았던 것은 수도관이 부실해 누수되는 양이 20~50퍼센트를 차지했기 때문이고, 지금은 개선되어 다른 선진국과 큰 차이가 없습니다. 한국인이 물을 낭비하는 잘못된 관행이 있었던 것이 아니라, 물 시설에 대한 투자와 관리가 부족했던 탓입니다.

◆ 1인 1일 물 사용량(Lpcd)

하루 평균 물 사용량을 인구 1인당으로 환산하고 이를 리터 단위로 표시한 단위가 Lpcd입니다. 한국의 경우 1인 1일 물 사용량이 295리터인데(2020년 기준), 이는 일본과 비슷하고 독일이나 덴마크보다는 많습니다. 295리터에는 가정, 가게, 공장, 공공에서 쓰는 물을 모두 포함하고 있으며, 집에서 사용하는 양만 따진다면 185리터 정도입니다. 그리고 다른 개념으로 '공급량'이 있는데 누수되는 양까지 포함해서 물 사용량보다 많이 나옵니다.

15 경제가 발전하면 물을
더 공급해야 할까?

1990년에는 1인당 하루 물 공급량이 350리터였습니다. 당시 정부의 계획에 따르면 2011년엔 물 공급량이 37.5퍼센트나 늘어나 1인당 하루 481리터의 물을 공급해야 한다고 예측했습니다. 하지만 2011년에 한국의 물 공급량은 330리터로 줄어들었습니다. 이는 누수를 막고, 물 절약 기기를 도입하고, 시민의식이 발전한 데 따른 반전이었습니다. 그리고 농지 면적이 1970년에 비해 약 3분의 1이 줄어들고, 인구도 감소하고 있어서 물 공급량은 더 줄어들 수 있습니다.

◆ 한국의 물 공급 시설

한국에는 17,318개의 댐이 있고, 그중에서 농업용 댐이 17,145개로 가장 많습니다. 보통 농업용 댐은 다목적댐과 비교해서 규모가 작습니다. 단일 댐으로는 29억 톤을 담수하는 소양강댐이 가장 큽니다. 낙동강, 금강, 영산강의 하구둑까지 포함하면 댐들의 저수량은 238억 톤입니다. 이들을 다 채운다면 한 해 동안 비가 오지 않더라도 물을 온전히 사용할 수 있습니다.

16 한국의 물값은 싸다?

한국 정부는 수도요금이 일본의 60퍼센트, 유럽의 30퍼센트 수준이라며, 수도요금의 현실화(인상!)를 주장합니다. 하지만 이러한 비교는 정확하지 않습니다. 대부분 나라는 수도요금에 하천 관리와 수도 시설의 건설과 운영 비용까지 포함하는 데 비해 한국은 그렇지 않기 때문입니다. 또한 유럽의 경우에는 여러 나라를 흘러서 오염 가능성이 큰 하천에서 취수하는 탓에, 한국보다 생산 단가가 높을 수밖에 없습니다.

◆ 한국의 물 사용처들

한국의 물 이용량은 연간 244억 톤 수준으로 소양호를 여덟 번이나 채울 수 있는 양입니다. 그중에서 농업용수가 절반인 154억 톤, 생활용수가 74억 톤, 공업용수가 16억 톤을 차지하고 있습니다. 농업용수는 농지가 줄고 있어 계속 감소할 것입니다. 생활용수인 수돗물만 한정하면 가정용이 66퍼센트로 가장 많고, 영업용 22퍼센트, 업무용 10퍼센트, 목욕탕용 2퍼센트 정도입니다.

17 　　　　지하수를 고갈시키는
　　　　　　수막재배

수막재배는 지하수를 비닐하우스 위로 흘려보내 보온
및 단열 효과를 발생시키는 농법입니다. 비닐하우스
내부의 열이 유출되는 것을 막고, 겨울철에는 10도가
넘는 지하수로 내부의 공기를 덥힙니다. 그런데 전국
의 경작지에서 수막재배지는 0.64퍼센트에 불과한데,
연간 농업용 지하수 사용량의 약 40퍼센트를 사용합니
다. 특히 강수량이 적은 겨울철엔 수막재배지에서 지
하수를 많이 뽑아내 주변에 문제를 일으키기도 합
니다.

◆ 한국의 지하수

한국의 지하수 생성량은 연간 약 200억 톤입니다. 연간 강우량 1,264억 톤의 약 15퍼센트에 해당합니다. 최대 개발가능량은 130억 톤까지 예상하며, 현재 이용량은 29억 톤 수준입니다. 대부분 농어업과 생활용수로 쓰입니다. 한국은 대부분 '노년기 지형'이라서 표토가 얇고, 화강암 지질이 많아 지하수가 풍부하지 못한 편입니다. 유럽의 경우에는 표토가 두텁고 석회암 지질이 많아 지하수가 풍부합니다.

18 한국은
해양 국가

한국의 주권 및 주권적 권리가 미치는 영해와 배타적 경제수역(EEZ), 대륙붕 등을 포함하면, 그 면적은 국토의 4.4배에 이릅니다. 더구나 95퍼센트 이상의 무역이 해양을 통해 이루어지고, 생선 소비가 세계 1위이며, 바다와 긴밀히 연결된 문화임을 생각하면 한국은 해양 국가라 할 수 있습니다. 하지만 바다를 메워 땅으로 만들고, 산업 폐기물을 바다에 투기하고, 물고기 남획으로 해양 생태계를 훼손해 왔습니다. 바다는 한국에 속하면서도 충분히 보호받지 못했습니다.

◆ 런던 협약

런던 협약의 공식 명칭은 '폐기물 및 기타 물질의 투기에 의한 해양 오염방지에 관한 협약'입니다. 선진공업국들이 막대한 양의 폐기물을 투기해 해양 오염이 발생하자 이를 막기 위해 1972년에 체결되었습니다. 해양 환경 분야 최초의 전 지구적 차원의 협약으로 의의가 있습니다. 한국도 국제사회의 압력으로 1993년에 가입했지만, 2015년까지 바다에 폐기물을 투기해 왔습니다. 그동안 한국이 바다에 버린 폐기물은 5,000만 톤에 달합니다.

19 한국에서 가장 큰 환경 사건

1991년, 경북 구미국가산업단지의 두산전자에서 누출된 페놀은 낙동강을 따라 35킬로미터를 흘러 대구의 상수원을 오염시켰습니다. 페놀은 수돗물 정수장에서 소독약품인 염소와 반응해 클로로페놀이 되었고, 극심한 악취를 발생시키며 대혼란이 일어났습니다. 당시 한국 사회는 환경오염은 성장을 위해 감수해야 할 부작용 정도로만 생각하다가, 이 사건을 통해 '환경 사고는 복잡한 과정을 거쳐 치명적 피해를 광범위하게 미칠 수 있다'는 사실을 인식하게 됐습니다.

◆ 두 번째로 큰 환경 사건

1996년, 정부가 '홍수 예방과 물 부족에 대비'하기 위해 동강댐 건설 계획을 발표하자, 환경단체와 지역 주민들은 '동식물 및 생태계 보호'를 주장하며 댐 건설에 반대했습니다. 정부와 환경단체의 극심한 대립은 2000년 6월 5일 '세계 환경의 날'에 김대중 대통령이 동강댐 건설 백지화를 선언하면서 끝났습니다. 한국 사회는 이 사건을 계기로 동식물과 자연경관 등의 가치와 보호의 필요성을 깨달았습니다.

20 강은
누구의 것인가?

우리가 사는 집은 모두 주소(지번)가 있습니다. 하지만 하천은 지번이 없거나 매우 넓은 면적이 하나의 번호로 표시됩니다. 지번은 토지를 거래하기 위해 부여한 것인데, 하천은 누구에게도 팔 수 없는 곳이라 지번이 필요 없었습니다. 그래서 국토 면적의 5퍼센트에 달하는 광대한 하천부지는 공유지로 남을 수 있었습니다. 그 덕분에 시민들의 생활과 밀접한 공간이자, 다양한 생물들의 서식지인 하천을 모두가 가꾸고 누릴 수 있는 것입니다.

◆ 여의도 샛강생태공원의 시민 관리

1967년, 여의도를 조성하면서 골재를 파던 샛강은 1996년에 생태공원으로 지정됐지만, 관리가 미흡해 제대로 활성화되지 못했습니다. 그러나 2019년부터 시민들(사회적협동조합 한강)이 관리를 주도하면서 멸종위기종인 수달과 삶이 돌아오고, 자원봉사와 체험활동이 활발해지고, 생태교육의 거점으로서 시민들이 함께 가꾸고 즐기는 공간으로 탈바꿈했습니다.

칼럼 3. 세계의 물과 한국의 물

아프리카의 말라붙은 호수나 태풍에 휩쓸린 동남아 해안과 같은 사진들은 종종 기후위기와 물 재해의 위험을 경고하는 용도로 쓰입니다. 그리고 한국도 물 부족에 대비해야 한다거나 재해에 맞서 더 많은 시설을 건설해야 한다는 주장으로 이어지는 경우가 많습니다.

그러나 이러한 주장은 일부만 맞습니다. 기후위기에 대비해야 하는 것은 맞지만 아프리카나 동남아에서 필요한 대책이 우리에게도 유효한 것은 아니기 때문입니다.

개발도상국의 물 문제는 여전히 관련 시설이 부족해서 발생하는 경우가 많습니다. 개발도상국은 선진국과 비교해서 상하수도 보급률이 50~70퍼센트 수준이라 위생 문제가 자주 발생합니다. 그래서 적정한 예산과 시설의 투자가 중요하며, 외부의 지원도 필요합니다.

반면에 한국의 물 문제는 시설 부족 때문이 아닙니다. 한국은 1960~1990년대를 거치며 물 공급 시설과 상하수도 보급을 대체로 이뤘고, 1990년대부터 수질 개선에서도 성과를 내고 있습니다. 이제 우리나라에서 댐이나 정수장이 부족해서 물을 공급하지 못하는 경우는 거의 없습니다. 또한 수질이 나빠서 물고기가 살 수 없는 곳도 거의 없습니다.

오히려 한국의 물 문제는 과도한 개발로 하천의 생태계가 훼손되고, 하천을 이용하는 문화가 부족하고, 정부의 물 정책을 시민들이 불신하는 것입니다. 다시 말해 하천에 수달과 흰목물떼새가 돌아오지 않고, 시민들이 강에서 즐기는 문화가 빈약하며, 막대한 예산이 들어가는 수돗물을 마시지 않는 것이 문제입니다.

이제 관성적으로 추진되는 하천 개발을 멈추고, 자연이 스스로 회복하고 제 모습을 찾을 수 있도록 기다려야 할 때입니다. 강을 즐기는 활동을 지원하고 강 문화를 육성해야 합니다. 그리고 시민들이 물 정책을 신뢰하고, 수돗물을 마음 놓고 마실 수 있도록 하는 것이 중요합니다.

칼럼 4. 더 많은 물 시설을 세울 것인가?

한국은 1997년부터 물 사용량이 꾸준히 줄어들고 있습니다. 2020년부터 인구 감소가 시작되고, 물 사용량의 절반을 차지하는 농업 분야에서 논농사의 비중이 줄어드는 것을 고려하면, 앞으로 물 사용량은 더욱 줄어들 수 있습니다.

반면에 물 사용량이 줄어든 1997년 이후에도, 물 공급 시설은 4대강 사업 등을 거치며 꾸준히 늘어나 10퍼센트 이상 많아졌습니다. 성장에 익숙해진 한국 사회는 인구 감소와 물 사용량의 감소를 대비하지 못했으며, 3분의 1이나 줄어든 농지 면적도 눈감아 왔습니다. 그렇다면 국가 차원에서 물 사용량이 줄어들었으니 모든 지역에서 언제라도 물을 풍부하게 쓸 수 있다는 얘기일까요? 그렇지는 않습니다.

2022년 겨울부터 2023년 봄까지 보길도 등 서남해의 섬 지역에서는 물 부족으로 주 3일만 급수가 이루어졌습니다. 여전히 농촌 지역의 소규모 시설들은 물 관리가 충분하지 못합니다. 그리고 도시를 확장하거나 산업 단지의 조성, 1~2인 가구의 확대로 물 사용량이 지역별로 다를 수 있습니다. 이처럼 지역과 시기에 따라 물 부족이나 새로운 물 수요가 발생할 수도 있습니다.

또한 시설이 늘어나고 여유가 생긴다고 꼭 좋은 것만은 아닙니다. 쓸 일이 거의 없는 시설을 유지하려면 비용이 들어가고, 꼭 필요한 곳에 투자할 재원을 고갈시킵니다. 게다가 인구가 감소하면 국민 각자가 부담해야 할 비용도 늘어나게 됩니다.

한국의 물 정책은 단순히 물 공급 시설을 확대하는 게 아니라, 농촌과 섬 지역을 위해 맞춤형 대책을 마련하고, 자연의 회복탄력성을 높여 하천에 들어가는 비용을 줄여야 합니다. 하천의 생태계를 건강하게 만들고, 미래 세대에게 불필요하게 부담을 남기지 않도록 운영을 효율화하는 것이 필요합니다.

이제 성장과 개발의 시대가 지났습니다. 자연과 사회의 지속가능한 관리가 절실한 상황입니다.

CHAPTER 3

도시와 가정의

21 수돗물 없는 세상

수돗물이 없다면 생수를 마시거나 정수기를 쓰면 된다고 생각할 수 있습니다. 하지만 생수로 조리, 샤워, 세탁까지 하기는 어렵고, 정수기도 결국은 수돗물이 없으면 무용지물이 됩니다. 회사나 식당, 학교와 같은 공공시설까지 생각하면 수돗물 말고 충분한 물을 확보할 방법이 없습니다. 2019년 5월 인천시 서구 주민들은 붉은 수돗물이 나오면서 생활이 마비됐고, 2003년 태풍 '매미' 때 수돗물 공급이 중단된 고층 아파트에서는 주민들이 수세식 변기조차 사용할 수 없었습니다.

◆ 붉은 수돗물 사태

2019년 5월 30일, 인천시 서구의 가정집에서 붉은 수돗물이 나왔습니다. 붉은 수돗물 사태는 열흘이 넘게 지속됐고, 인근의 중구와 강화군까지 확대됐습니다. 최종 복구까지는 꼬박 두 달이 걸렸으며, 사고의 원인은 공촌 정수장을 보수하면서 관로의 이물질이 대량으로 떨어져 나왔기 때문입니다. 사소한 운영 실수로 64만 명의 시민들이 피해를 봤으며, 2,000여 명이 시위에 나서기도 했습니다. 인천시는 이 사태로 시민들에게 332억 원을 보상했습니다.

22 지구를 다섯 바퀴나
돌고도 남는 수도관

한국의 땅속에는 228,323킬로미터의 수도관이 깔려 있습니다. 이는 서울에서 부산 거리의 500배가 넘고, 달까지 거리의 60퍼센트에 해당합니다. 5,000만 국민에게 하루 평균 295리터의 물을 공급하기 위해 이처럼 어마어마한 수도관을 갖추고 있습니다. 하지만 대부분 수도관이 땅속에 위치하다 보니 관리에 어려움이 많습니다. 2020년 기준, 공급된 수돗물의 10.4퍼센트가 누수되고 있으며, 관리가 부실한 수도관의 녹물도 문제가 되고 있습니다.

◆ 수돗물의 생산

수돗물은 취수, 정수, 배수라는 세 가지 단계를 거쳐서 공급됩니다. 수돗물로 사용할 물을 끌어오는 취수, 정수장에서 물을 정화하는 정수, 그리고 연못(배수지)에 보관하다가 공급하는 것이 배수입니다. 취수장은 507개, 정수장은 485개, 배수지는 2,404개가 있습니다. 한국은 주로 하천(52.2퍼센트)과 댐(44.5퍼센트)에서 취수합니다. 취수시설의 일일 용량은 3,319만 톤으로 전 국민에게 0.63톤을 공급할 수 있는 규모입니다.

23   수돗물을 마셔도 될까?

수돗물은 수도법에서 정한 공정과 절차에 따라 지방정부가 생산하는 공공재입니다. 충족해야 할 검사 항목이 매일 6개, 매주 8개, 매월 55개, 분기별 61개에 이르고, 별도로 127개 항목이 감시되고 있습니다. 국가가 보증하는 물이고 문제가 발생하면 국가가 책임집니다. 하지만 순간적으로 사고가 발생하거나 일부 지역에서 문제가 생길 수 있습니다. 또한 공공재로서 안전을 강조하다 보니 물맛(냄새, 촉감)이나 편의 제공(냉온수 제공) 등에서는 부족함이 많습니다.

◆ 수돗물 음용률

수돗물 음용률은 수돗물을 마시는 비율을 의미하며, 일상생활에서 가장 주요하게 마시는 물이 수돗물인 경우를 뜻합니다. 한국의 경우 수돗물을 직접 마시는 사람의 비율은 1퍼센트 수준이고, 끓여서 마시는 간접 비율까지 포함해도 약 36퍼센트에 불과합니다. 유럽 국가들의 수돗물 음용률이 70~80퍼센트이고, 일본의 수돗물 음용률도 50퍼센트 이상인 것을 생각하면, 한국에서 수돗물에 대한 불신이 크다는 것을 알 수 있습니다.

24   가정에서 물을 가장 많이 쓰는 곳은?

가정에서 사용되는 물은 변기 세척수가 25퍼센트, 음용 및 취사가 20퍼센트, 세면 및 목욕이 20퍼센트, 세탁이 20퍼센트, 기타(청소 및 정원수 등)가 10퍼센트 정도를 차지합니다. 그런데 변기 세척수와 취사용의 비중이 줄고, 나머지는 조금씩 늘고 있습니다. 절수형 변기의 보급 확대와 외식의 증가가 가정의 물 사용량을 줄였지만, 샤워 횟수의 증가와 세탁기의 대형화는 물 사용량을 늘렸습니다. 이렇듯 생활 방식의 변화는 물 사용에도 영향을 줍니다.

◆ 절수형 양변기

일반 양변기의 1회 사용량은 10~13리터입니다. 2리터 생수병 6개가 넘는 양이 한 번에 소비됩니다. 하루에 네 번만 사용해도 일평균 사용량인 185리터의 25퍼센트를 쓰게 됩니다. 그래서 정부는 2014년 1월부터 신축 건물에 1회 물 사용량이 6리터 이하인 절수형 양변기만 설치토록 의무화했고, 1회 사용량이 4리터에 불과한 초절수형 양변기도 나왔습니다. 물을 아끼고 싶다면 일반 양변기에 벽돌을 넣지 말고, 절수형 양변기를 사용하면 됩니다.

25 생수의 3분의 1은 석유

생수는 생산과 유통 그리고 소비와 폐기 과정에서 환경에 주는 부담이 매우 큰 상품입니다. 생수를 생산하기 위한 지하수 채굴과 정수, 플라스틱병의 이용과 포장, 운송 및 보관, 폐기물 처리 등에서 많은 에너지가 들어가기 때문입니다. 이를 탄소 발자국으로 계산하면 그 양은 판매되는 생수의 3분의 1에 해당합니다. 또 플라스틱병이 그냥 버려지는 비율도 높고, 설령 분해가 되더라도 미세 플라스틱으로 남아서 생태계에 나쁜 영향을 미칩니다.

◆ 탄소 발자국(Carbon Footprint)

탄소 발자국은 개인이나 기업이 제품 및 서비스를 생산하고 소비하는 과정에서 발생시키는 온실가스를 나타낸 지표입니다. 2006년 영국 의회 과학기술처에서 최초로 제안했으며, 기후위기의 주요 원인인 이산화탄소의 발생량을 감소시키고자 하는 취지에서 사용하고 있습니다. 표시는 무게 단위인 킬로그램 또는 실제 광합성을 통해 감소시킬 수 있는 나무의 수로 환산해서 보여줍니다.

26   정수기는
안전할까?

정수기는 물을 마시는 가장 보편적인 방법이 되고 있는데, 위생과 환경의 측면에서 우려되는 점이 많습니다. 정수기 물에서 일반세균이 기준치를 넘는 경우도 흔한데, 사람의 손에 묻은 세균이나 병균이 정수기 꼭지로 옮겨질 수 있기 때문입니다. 에너지 사용량도 많은 편이고, 문제가 발생해도 보상받기가 어렵습니다. 2022년 6월에 대법원은 얼음정수기에서 니켈이 떨어져 나온 것에 대해 배상 판결을 했는데, 소송 기간이 무려 7년이나 걸렸습니다.

◆ 정수기의 성능측정법

정수기 광고에 따르면 정수기는 수돗물보다도 월등히 좋은 물로 소개됩니다. 하지만 정수기의 성능 검사는 수돗물을 더 좋게 처리한 결과로 허가받는 것이 아니라, 인위적으로 만든 물의 처리 결과로 인증됩니다. 일반 정수기의 경우 색도와 탁도의 제거율이 기껏 80~90퍼센트만 넘으면 됩니다. 이는 수돗물의 정수 과정에서 시행되는 법적 검사나 감시 항목에 비하면 턱없이 적은 수준입니다.

27 맛있는 물을
마시는 법

물맛을 결정하는 데는 온도의 영향이 크고, 미네랄 함량과 산도(pH) 등도 영향을 미칩니다. 한국수자원공사 수질분석연구센터의 자료에 따르면 물의 온도는 10도쯤이 좋고, 탄산수는 14~17도를 추천합니다. 물이 너무 뜨겁거나 차가우면 혀에서 미각을 느끼는 세포인 미뢰가 제 기능을 하지 못하기 때문입니다. 물론 맛있는 물은 개인의 기호에 따라 다를 수 있으며, 냉장고에 뒀다 마시거나 레몬 등을 띄우는 것도 좋은 방법입니다.

◆ 무염소 소독

한국은 정수된 수돗물이 병균에 오염되지 않도록, 살균력을 가진 염소를 투입하고 있습니다. 그래서 수돗물에서 약품 냄새가 납니다. 하지만 유럽의 많은 국가와 미국 주의 절반은 염소를 투입하지 않고 수돗물을 공급합니다. 염소 대신 긴 모래여과, 철저한 수도관 관리 및 온도 조절 등을 통해서 미생물의 침투를 막는 것입니다. 이처럼 염소를 사용하지 않더라도 시민들이 맛있게 마실 수 있는 수돗물을 공급할 수 있습니다.

28 지하수가 부족한 섬

섬 지역은 필요한 물을 공급하기가 매우 어렵습니다. 주민들의 생활 방식이 도시화되면서 물 사용량은 늘어나고 있는데, 하천이 짧고 저수 공간이 작아 물을 저장하기 곤란하기 때문입니다. 그렇다고 지하수를 뽑아 쓰면, 그 틈을 채운 무거운 바닷물이 다시 밀려나지 않아 소금물을 먹게 됩니다. 그래서 섬 지역의 물 대책은 육지보다 훨씬 섬세해야 합니다. 절수형 설비를 도입하고, 물을 재이용하는 방법을 찾고, 빗물을 활용하는 등 수요를 줄이고 대체 수자원을 찾아야 합니다.

◆ 해수담수화

해수담수화는 바닷물에서 염분을 포함한 용해 물질을 제거해 생활용수나 공업용수로 만드는 과정을 말합니다. 주요 방식은 해수를 가열해 증기를 발생시키는 증발법과 미세한 반투막을 통과시켜 담수를 생산하는 역삼투법이 대표적입니다. 섬 지역의 물 문제를 해소하는 방법으로 이전부터 주목받았습니다. 하지만 이러한 시설을 운영하려면 비용이 많이 들어 시설을 지어놓고도 사용하지 않는 사례가 많습니다.

29 　도시보다 훨씬 비싼
농어촌의 수도요금

전국의 평균 수도요금은 톤당 718.9원입니다. 17개 광역시도의 수도요금을 비교하면 강원도(986.97원)는 대전시(550.11원)의 1.8배에 달합니다. 기초지방자치단체 중에서는 평창군(1,473.52원)이 성남시(328.99원)의 4배가 넘습니다. 이러한 차이가 발생하는 이유는 농촌은 넓은 면적에 적은 인구가 흩어져 살아서 생산 단가가 높지만, 대도시는 좁은 지역에 인구가 많을뿐더러 댐이나 광역상수도 등이 도시를 위해 건설됐기 때문입니다. 이처럼 전 국민 누구나 같은 수도 서비스를 보장받는 것은 아닙니다.

◆ 지역마다 다른 수도요금

수도요금은 지역별로 금액이 다릅니다. 무려 162개 지역으로 쪼개져 있는데, 9개 특광역시가 각각 하나의 단위고, 광역도의 시군 153개가 각각의 단위입니다. 예를 들어 서울특별시, 강원도의 삼척시, 전라남도의 진도군이 독자적인 요금 체계로 운영되고 있습니다. 지방자치단체별로 수도요금을 결정하고 있어서 똑같은 양의 물을 쓰더라도, 품질이 낮은 수돗물을 사용하면서 더 많은 요금을 낼 수도 있습니다.

30 우리는 강에서 무엇을 할 수 있을까?

강문화는 강에서 이루어지는 활동이나 강에 대한 문화를 뜻합니다. 그런데 지금 우리의 강문화는 기껏 강에서 자전거를 타거나 치맥을 하는 정도에 불과합니다. 도시의 강마다 다른 이야기가 있을 텐데, 어디든 똑같은 이용 방법만 있습니다. 사람마다 재주와 생각이 다른 것처럼 강마다 지역의 역사와 주민들과의 관계를 담는다면 어떨까요? 그 강만의 특징을 살리면서 생태와 문화의 다양성을 보여줄 수 있다면 훨씬 매력적인 강문화가 만들어질 것입니다.

◆ 해수욕이 아닌 강수욕

최근에는 강수욕이라는 말을 들어보기 힘듭니다. 하지만 50년 전에
는 강수욕이 해수욕보다 훨씬 더 대중적이었습니다. 1960년대 신
문에는 서울 한강에서 10만 명이 강수욕을 즐기는 사진이 소개되기
도 했습니다. 그 시절에는 강물이 지금보다 깨끗하고 넓은 모래밭이
있어서 강수욕이 가능했습니다. 또한 지금처럼 교통이 발달하지 못
해서 멀리 피서를 떠나기 어려웠던 이유도 있을 것입니다.

칼럼 5. 수돗물을 믿고 마실 수 있다면

　수돗물은 근대 문명의 기반이라고 할 수 있습니다. 수돗물이 없으면 일상생활이 불가능할 정도입니다. 하지만 한국의 수돗물 음용률은 그대로 마시거나 끓여서 먹는 시민을 포함하더라도 36퍼센트 정도에 불과합니다.

　한국은 다른 나라와 비교해서 수돗물을 마시지 않으니, 생수나 정수기를 이용하는 비율이 매우 높습니다. 수돗물을 안심하고 마실 수 있었다면 배출할 필요가 없는 탄소를, 생수와 정수기 때문에 발생시키고 있는 것입니다.

　OECD 국가들의 수돗물 음용률은 대체로 50퍼센트가 넘습니다. 수돗물에 대한 신뢰가 높으니 꺼리지 않고 마십니다. 반대로 개발도상국에서는 아직도 수돗물을 공급받지 못하는 경우가 많습니다. 그들에게 마실 수 있는 수돗물은 언젠가 이루고 싶은 꿈입니다.

　한국에서 수돗물에 대한 불신이 높은 것은 특별한 역사와 사정이 있었기 때문입니다. 앞서 설명한 낙동강 페놀 유출 사건부터 붉은 수돗물 사태, 깔따구 유충 문제 등 유독 수돗물과 관련한 사고가 잦았습니다. 또한 4대강 사업으로 주요 취수원에서 녹조가 번성하고, 수도관의 관리가 부실해 녹물이 나온다는 뉴스가 지금도 보입니다.

하지만 이러한 문제들은 충분히 해결할 수 있고, 극복한 나라들도 많습니다. 취수원을 잘 보전하고, 수도관 관리를 섬세하게 하고, 약품 냄새가 나지 않도록 하고, 투명한 행정을 통해 신뢰를 높이면 됩니다.

한국에서 수돗물은 '신뢰가 낮고 불신이 높은 사회의 상징'처럼 버림받은 상태입니다. 그렇기에 수돗물을 제대로 만들고 시민들이 믿고 마실 수 있다면 어떻게 될까요? 우리 사회의 신뢰를 한 단계 높이고, 자원을 더 가치 있게 사용하게 될 것입니다. 하루빨리 수돗물을 믿고 마실 수 있는 사회가 오기를 진심으로 바랍니다.

칼럼 6. 우리의 강을 어떡하면 좋을까?

한강은 서울시를 동에서 서로 가로질러 흐릅니다. 길이가 41.5킬로미터, 폭이 평균 1킬로미터, 면적은 서울시의 6.7퍼센트에 달합니다. 중랑천, 탄천, 안양천, 홍제천, 청계천 등의 하천까지 합치면 서울시의 10.3퍼센트가 하천입니다. 높은 서울의 부동산 가격을 대입하면 한강의 가격은 수백조 원에서 수천조 원쯤 됩니다.

전국으로 따져도 상황은 비슷합니다. 국가하천, 지방하천, 소하천, 도랑 등을 포함하는 하천의 면적은 국토의 5퍼센트에 해당합니다. 지구상에 하천의 비율이 이렇게 높은 나라는 거의 없습니다.

그리고 하천은 도시든 농촌이든 어디라도 실핏줄처럼 뻗어 있습니다. 시민의 생활공간과 긴밀히 연결되고 다양하게 활용될 수 있다는 뜻입니다. 또 과거의 길들은 모두 강을 따라 이어졌기에 강 주변에는 문화재와 유적들이 많아 다양한 이야기들이 있는 보물창고이기도 합니다.

'가장 좋은 공원은 집에서 가까운 공원'이라는 말이 있습니다. 시민들의 생활 가까이에 있는 하천은 '시민들이 자연을 접하고 삶의 여유를 누릴 수 있는 곳'이라는 점에서 아주 매력적인 공간입니다. 그동안은 홍수 통로라며 홍수가 빨리 빠질 수 있도록 풀과 나무조차 다 베어냈는데, 이제 하천을 다르게 볼 필요가 있습니다.

특히 하천은 생물의 서식 밀도가 높고 어느 곳보다 복원력이 왕성한 공간입니다. 기후위기와 생물다양성이 위태로운 시기에 하천은 생태계를 연결하고 복원하는 거점이 될 수 있습니다. 생활 공간과 가까우니 이용 과정에서 탄소 소비도 적은 편입니다.

자전거길을 내고 잔디밭을 만드는 것도 좋겠습니다만, 강을 강답게, 각 지역에 어울리게 가꾸면 어떨까요? 우리 지역의 역사와 특성이 살아 있도록 강을 가꿔서 새로운 가치를 만들 수 있기를 바랍니다.

CHAPTER 4

생태계와

에너지

31 여섯 번째
대멸종의 시대

'대멸종'이란 생물종의 70~95퍼센트가 지구에서 완전히 사라지는 것을 뜻합니다. 대멸종에서 살아남은 생물종도 온전할 리 없으니, 개체 수로 따지면 생명체의 1~2퍼센트만 남는다는 의미입니다. 그런데 지난 100년간 생물종의 10퍼센트가 사라졌고, 50년간 야생동물의 개체 수는 70퍼센트가 줄었습니다. 특히 남아메리카와 카리브해 지역에서는 94퍼센트나 줄어들었는데, 지난 다섯 번의 대멸종이 수만 년에 걸쳐 진행된 것에 비하면 놀랄만한 속도입니다.

◆ 생물다양성

지구에 생존하는 생물종과 이들이 서식하는 생태계 그리고 생물이
지닌 유전자까지 모든 차원의 다양성을 묶어서 생물다양성이라고
말합니다. '침팬지 박사'로 유명한 제인 구달은 생물다양성을 거미
줄, 즉 '생명의 그물망'에 비유했습니다. 거미줄이 한두 개씩 끊어지
면 점점 약해지는 것처럼 동식물 종이 하나씩 없어지면 생명의 그물
망이 끊겨 나가 지구의 안전망에 구멍이 생기고, 결국 생태계의 균
형이 무너질 수 있습니다.

32 담수 생태계가 위험하다

강, 하천, 습지 등의 담수 지역은 지구 표면의 0.8퍼센트를 차지하지만, 생물종의 10퍼센트를 돌보는 중요한 서식지입니다. 그런데 담수 지역의 생물 개체 수가 1970년 이후 81퍼센트나 줄어들었습니다. 여러 개발로 서식지가 훼손되거나 어업 기술과 장비의 발달로 남획당한 탓입니다. 게다가 수질 오염, 외래종의 침입, 기후위기의 영향도 받았습니다. 생태계를 연결하고 다양한 서식지를 제공하는 강과 하천은 가장 중요하면서도 가장 취약한 생태계입니다.

◆ 생태계 서비스

생태계 서비스는 생태계가 직간접적으로 인간에게 주는 이득을 의미합니다. 예를 들어 자연 생태계가 스스로 물과 공기의 오염 물질을 정화하고, 토양을 유지하고, 기후를 조절하며, 질병 발생을 막고, 인간에게 음식물을 제공하는 것을 말합니다. 담수의 생태계 서비스에는 수자원의 공급과 건축 자재의 보급, 탄소 및 영양소의 저장, 멸종 위기에 처한 생물종(철새 등)의 서식지 제공, 홍수와 가뭄의 완충, 관광 및 문화 공간 제공 등이 포함됩니다.

33 수도관처럼 정교하게 조작되는 강

오늘날의 강은 정교하게 설계된 수도관이랑 비슷합니다. 수많은 댐과 제방이 쌓이고, 양수장과 배수장이 설치되고 수도관이 묻혀, 강의 흐름은 완전히 통제되고 있습니다. 인간에게 유리하게 작동되기 위해 강은 자연의 흐름과 시간을 빼앗기고 말았습니다. 그런 탓에 모래밭이나 여울이 줄어들면서 원래 살던 고유종은 사라지고, 변화된 환경에 적응한 외래종만 판치면서 강의 생태계가 크게 교란되었습니다.

◆ 하천 취수율

하천 취수율은 비가 와서 강으로 흘러든 물 중에서 사람들이 사용하기 위해 취수한 비율을 말합니다. 한국은 35퍼센트로 세계 평균보다는 월등히 높은 편입니다. 그나마 바다로 흘러가는 65퍼센트가 모두 홍수기 때라는 것을 고려하면, 사실상 하천으로 들어오는 물은 사람들에 의해 한 번 이상 사용된다고 볼 수 있습니다. 하천 취수율이 높다는 건 그만큼 강이 자연스럽지 못하고 생태계가 제대로 작동하지 못한다는 뜻이기도 합니다.

34   녹조가 보내온
경고

여름철이면 어김없이 녹조가 발생했다는 뉴스를 듣습니다. 녹조가 번성하면 수중에 산소가 줄어들고, 산소가 부족해지면 녹조조차 죽습니다. 그런데 죽은 녹조가 썩으면서 발생하는 황화수소가 수중 생물에게 치명적인 탓에 녹조의 발생은 결국 물고기의 떼죽음까지 연결됩니다. 특히 강이 완만하고 물의 흐름이 느린 낙동강에서 녹조가 심각한데, 낙동강을 거의 유일한 식수원으로 쓰는 1,500만 주민들은 공포를 느끼게 됩니다. 이렇게 매년 녹조 이슈를 지나는 동안 수돗물에 대한 불신은 커져만 가고 있습니다.

◆ 녹조

녹조는 식물성 플랑크톤인 남조류가 지나치게 번성해 물빛이 녹색으로 보이는 현상입니다. 식물로 진화하지 못한 세균이라는 뜻에서 남세균이라고도 하는데, 성장 과정은 식물과 비슷합니다. 물의 흐름이 느린 곳에서 기온이 높아질 때 대규모로 발생합니다. 최근에는 남조류의 한 종인 마이크로시스티스가 식중독을 일으키고 생명을 앗아갈 수 있는 독성 물질을 생성한다고 해서 논란이 되고 있습니다.

35 가시박으로
뒤덮인 하천

여름과 가을에 하천을 지나다 보면 가시박이 주변을 뒤덮고 있는 것을 볼 수 있습니다. 가시박은 열매와 줄기에 가늘고 거친 가시가 있어 붙여진 이름으로, 호박처럼 줄기 마디에서 덩굴손이 나와 다른 물체나 식물을 타고 오릅니다. 최대 10미터 이상 자라고, 햇볕이 좋은 날엔 하루에 50센티미터 넘게 자랄 정도로 성장 속도가 빠릅니다. 가시박으로 뒤덮인 식물들은 햇빛을 못 보고 말라 죽거나 무게를 견디지 못하고 쓰러지기도 합니다. 가시박은 하천 생태계를 단순화하고 경관을 황폐화하는 원인으로 꼽히고 있습니다.

◆ 생태계교란생물

정부는 가시박, 붉은귀거북, 미국선녀벌레 등 30종을 생태계에 미치는 위해가 큰 생태계교란생물로 지정하고 있습니다. 생태계교란생물은 외국에서 유입되는 외래종과 생태계의 기능을 어렵게 만드는 생물 중에서 선정합니다. 정부는 이들의 사육, 재배, 저장, 운반, 수입 등에 대해 규제하고 있으며, 필요에 따라 지방자치단체들에 생물의 방제를 지시하고 있습니다.

36 플라스틱을 먹는 새

사진작가 크리스 조던이 제작한 다큐멘터리 〈아름다움 너머〉에는 알바트로스가 새끼에게 플라스틱을 먹이는 장면이 나옵니다. 바다 위에 떠 있는 어류나 연체류를 먹이로 삼는 알바트로스가 플라스틱을 먹이로 착각한 것입니다. 알바트로스는 날 수 있는 조류 중에서 가장 크며(날개를 펼치면 3∼4미터), 기류를 타고 며칠씩 날아다닐 수 있습니다. 덩치가 크고 둔해서 북태평양의 무인도에서만 서식하는데, 플라스틱이라는 치명적 위협을 받고 있습니다.

◆ 태평양의 쓰레기 섬

태평양에는 전 세계 바다에 버려진 부유성 쓰레기가 해류와 바람의 영향을 받아서 모인 지역이 있습니다. 이러한 쓰레기 섬은 90퍼센트가량이 썩지 않는 비닐과 플라스틱류로 이루어져 있으며, 크기는 한반도 면적의 무려 7배에 달합니다. 이 쓰레기들은 육상에서 발생해 강을 거쳐 왔거나 어업과 양식업으로 발생했습니다. 앞으로 100년에 걸쳐서 바다를 오염시키고, 미세 플라스틱으로 분해되어서도 물고기와 플랑크톤을 괴롭힐 것입니다.

37 고래잡이와 보호의 역사

울산에는 선사시대 사람들이 고래를 잡는 장면을 묘사한 암각화가 있습니다. 고래잡이(포경)는 그만큼 오래된 역사이자 문화입니다. 하지만 포경 기술이 발달하면서 고래의 숫자가 급감하기 시작했고, 급기야 국제포경위원회가 나서 1986년에 상업적 포경을 전면 금지했습니다. 이후 고래의 숫자는 조금씩 늘고 있습니다. 인간의 의지와 절제로 멸종의 흐름을 되돌린 것입니다. 아직 일본, 노르웨이, 아이슬란드 등에서 여전히 고래잡이를 주장하지만, 국제사회는 고래를 보호하는 방향으로 가고 있습니다.

◆ 쌍끌이 저인망 어업

쌍끌이 저인망 어업은 두 척의 배가 촘촘하고 큰 그물을 바다 밑바닥까지 내리고 양쪽에서 끌어서 물고기를 싹쓸이하는 방식입니다. 작은 물고기나 멸종위기종까지 잡아들이고, 산호나 해저 지형까지 파괴해 수중 생태계를 근본적으로 훼손하고 있습니다. 수천 년에 걸쳐 매우 느리게 성장하는 산호초조차 허무하게 무너집니다. 현재 국제사회는 이를 금지하는 논의를 활발히 진행하고 있습니다.

38 상류보다 맑은 하류의 물

우리는 흔히 깊은 골짜기를 흐르는 깨끗한 물이 도시를 지나며 점차 더러워진다고 생각합니다. 하지만 한국에서는 산 정상까지 채소를 재배하고 계곡 깊숙이 축산 농가가 들어선 경우가 많습니다. 여름철을 제외하고는 하천의 수량이 적은데 오염원까지 펼쳐져 있으니, 상류의 수질이 나쁘고 오히려 하류로 물이 흐르면서 깨끗해집니다. 예를 들어 낙동강은 상류 구간에서 나빠진 수질이 도중에 개선됐다가, 구미에서 그리고 대구 근처에서 다시 나빠졌다가 개선되기를 반복합니다.

◆ 자정작용

자정작용이란 자연 생태계에 유입된 오염을 자연이 스스로 정화하는 작용을 뜻합니다. 자연에서는 하수처리장과 비슷하게 오염 물질의 희석, 확산, 침전 등을 통해 농도를 감소시키는 물리적 기능, 오염 물질을 산화, 환원, 흡착, 응집시키는 화학적 기능, 미생물이 오염 물질을 분해시키는 생물학적 기능이 작동합니다. 강의 생태계가 제대로 복원되면 이러한 혜택을 받을 수 있습니다.

39 흰목물떼새가
떠난 하천

흰목물떼새는 하천이나 연안에 사는 작은 텃새인데, 전체적으로 갈색이지만 턱밑과 목 부위에 흰 띠가 있습니다. 자갈밭이나 모래밭을 파서 오목한 둥지를 짓고 3~4개의 알을 낳습니다. 알과 새끼의 털은 주변과 구별이 되지 않는 보호색을 띠며, 새끼들은 위험에 처해도 꼼짝하지 않고 기다립니다. 모래밭과 자갈밭이 없으면 생존할 수 없으며, 하천 정비와 갯벌 매립으로 서식지가 훼손돼 지금은 전 세계에 1만 마리, 한국에 2천 마리쯤 살고 있습니다.

◆ 4대강 사업

4대강 사업은 한강, 낙동강, 금강, 영산강에 16개의 보를 세우고 4억 6천만 세제곱미터를 파내는 총사업비 22조 원 규모의 토목공사입니다. 이명박 대통령이 2008년 12월에 발표하고 3년 만에 완료했으며, 환경 훼손, 사업 타당성, 추진 절차 등의 문제를 두고 사회적으로 큰 갈등이 있었습니다. 이명박 정부에서는 4대강으로 용수 공급, 홍수 조절, 생태 복원 등이 가능하다고 주장했으나, 감사원의 감사 결과 이러한 효과는 미미하거나 부정적으로 평가됐습니다.

40　여의도 샛강에
나타난 수달

수달은 하천 생태계의 최상위 포식자로 하천이 훼손되고 생태계가 무너지면 제일 먼저 자취를 감춥니다. 멸종위기종 1급이자 천연기념물 330호로 지정해서 보호하고 있는데, 무려 40년 만에 서울 한강에서 수달이 발견됐습니다. 이것은 생태계의 먹이사슬이 복원되고 있다는 의미입니다. 서울이 야생 동물과 함께 사는, 더 높은 수준의 생태계 서비스를 누릴 수 있는 도시로 거듭날 수 있다는 가능성을 보여준 것입니다.

◆ 하천의 자연성 회복

한국의 하천에서 광범위하게 이루어지던 개발사업(제방 증축, 댐 건설)은 2000년대를 지나면서 잦아들고 있습니다. 특히 4대강 사업을 둘러싸고 극심한 갈등을 겪으며 자연을 보호하자는 여론이 높아졌기 때문입니다. 그 결과 직선화된 하천에 모래가 쌓이고 풀이 자라면서 물고기가 산란하고, 야생 동물이 은신하는 구역이 늘어나고 있습니다. 아직 지방의 하천에서 산발적인 개발사업들이 진행되지만, 점점 자연성을 회복하는 방향으로 가고 있습니다.

칼럼 7. 여섯 번째 대멸종에 맞서는 노력

2018년을 기준으로 지구의 생물량은 약 5,500억 톤입니다. 여기서 생물량이란 생물체에 있는 탄소의 양을 합한 것으로, 사람 1명은 평균 8킬로그램으로 계산하고 있습니다.

전체 생물량의 80퍼센트를 식물(4,500억 톤)이 차지하고, 그다음으로 박테리아(700억 톤)와 곰팡이(120억 톤)가 차지하고 있습니다. 동물의 생물량은 약 20억 톤인데, 해양 동물이 17억 톤이고, 사람이 속한 포유류로 한정하면 가축이 1억 톤, 사람은 6,000만 톤입니다. 여기서 야생 포유류는 700만 톤에 불과합니다.

학자들은 지난 1만 년 사이에 인간이 삼림을 훼손하고 농경지를 확대한 탓에 전체 생물량이 절반으로 줄었다고 분석합니다. 이 기간에 포유류의 1퍼센트에 불과했던 인간과 가축의 비율은 95퍼센트로 늘어났습니다.

국제사회는 이러한 위기에 대응하기 위해서 1992년에 '생물다양성에 관한 협약'을 채택했습니다. 이 협약은 생물다양성을 보전하고 지속가능한 이용 및 발생하는 이익의 공정하고 공평한 배분 등을 목표로 하고 있습니다.

2022년 12월, 캐나다 몬트리올에서 열린 제15차 생물다양성협약 총회에는 196개국 대표들이 참석해서 23개 목표를 발표했습니다. 그중에서 가장 중요한 목표가 2030년까지 전 세계 바다와 육지의 30퍼센트를 보호구역으로 지정하는 것입니다. 또한 2030년까지 살충제 사용량, 수질 오염량, 외래종의 침입 등을 50퍼센트까지 줄이고, 생물다양성을 위협하는 해로운 보조금도 줄이기로 했습니다.

유엔 사무총장은 "우리는 마침내 자연과 평화 협정을 맺기 시작했다"라고 긍정적으로 평가했습니다. 하지만 회의 결과가 그대로 지켜질지 장담하기 어렵고, 미국처럼 참여하지 않는 나라를 강제할 방법도 마땅치 않습니다. 세계가 문제를 인식하고 나아가고 있지만, 마냥 긍정적인 결과만 기대하기 어려운 상황입니다.

칼럼 8. 생태계교란생물을 어떻게 해야 할까?

생태계교란생물로 인한 피해를 종종 뉴스로 접할 수 있습니다. 특히 외래종인 배스, 블루길, 황소개구리 등에 대한 언론의 공격적인 보도는 공포를 심어줄 정도고, 사회 전반적으로 생태계교란생물에 대한 반감과 거부감이 매우 큰 상황입니다.

가장 많이 문제가 되는 생태계교란생물은 외래종인데, 대부분 양식을 위해 도입하거나 부주의하게 반입한 결과였습니다. 또한 댐과 보를 쌓으면서 모래밭이나 여울을 없애고 환경을 변화시키면서 흰수마자나 꾸구리와 같은 우리의 고유 어종이 사라졌지만, 블루길이나 배스와 같은 외래 어종은 이러한 인공적인 환경에 적응하여 개체 수가 폭증했습니다.

그런데 신기하게도 블루길이나 황소개구리 등이 시간이 지나면서 생태계 안에서 조절되고 통제되는 경향을 보여주기 시작했습니다. 또한 가시박의 덤불과 꽃은 벌들에게 꿀을 제공하고, 작은 새들의 서식지가 되는 등 긍정적인 부분도 확인됩니다. 이처럼 시간이 지나면 자연이 해결할 것이라는 교훈은 생태계교란생물에 대해 새로운 시각을 가져오고 있습니다.

그리고 생태계교란생물 문제를 진지하게 생각해야 하는 것은 이들 역시 생명이기 때문입니다. 앞서 말한 것처럼 생태계교란생물이 퍼진 것은 인간의 책임이 크며, 생태계에서 완전히 제거하는 것도 불가능하기 때문입니다.

생명은 존재 그 자체로 가치가 있습니다. 생명을 이유 없이 해치는 것은 불필요하고 도덕적이지 못한 일입니다. 인류의 발달이 최대 다수의 행복을 추구하는 방향이었음을 고려하면 불필요한 살생은 야생 동물에게도 허용되기 어렵습니다.

그러므로 생태계교란생물에 대해 무조건 적대시하기보다 관리하며 살아가는 방법을 찾아야 할 것입니다. 그리고 외래종을 무분별하게 도입하거나 반입하지 않도록 주의를 기울이고 법제도를 정비해야 합니다.

CHAPTER 5

기후위기와

41 유럽의
대홍수

2021년 7월, 서유럽에서 발생한 대홍수로 독일에서만 184명이 목숨을 잃었습니다. 독일의 한 터널에는 '홍수 최대 수위' 표시가 '2021, 여기서 5미터 위'라고 쓰여 있을 정도로 과거의 홍수와 비교해 차원이 달랐습니다. 독일과 같은 선진국에서 홍수로 이렇게 큰 피해를 본 것은, 기존의 홍수경보 시스템이 '평범한' 홍수에만 유효했기 때문입니다. 이처럼 기후위기는 인류의 예상을 뛰어넘고, 기존의 방식으로는 대응할 수 없는 큰 재해를 불러올 수 있습니다.

◆ **강남역 침수**

2022년 8월 8일, 밤 9시쯤 폭우로 서울에서 가장 땅값이 비싼 강남역 일대가 침수됐습니다. 시간당 강수량이 115밀리미터로 서울에서 관측을 시작한 1907년 이래 최대치였습니다. 같은 시간 서울의 강북 지역은 5밀리미터 이하의 비가 내렸습니다. 강남과 동작 등에서만 짧은 시간에 집중된 폭우는 전통적인 홍수 개념과 달리 기후위기에 따른 결과라고 할 수 있습니다.

42 이미 시작된
기후위기

유엔의 보고서에 따르면 최근 100년간 지구의 기온이 1.1도나 상승했다고 합니다. 그 영향은 바닷속까지 미치고 있으며, 따뜻해진 바다는 열대성 저기압의 영향을 키워 태풍과 허리케인 등의 피해를 더하고 있습니다. 또한 전 세계의 빙하가 녹으면서 해수면의 상승 속도도 빨라지고 있습니다. 만약 기후위기를 막지 못해 전문가의 예측대로 지구의 기온이 5도나 상승한다면, 인간은 더 이상 지구 환경에 적응하지 못할 수도 있습니다.

◆ 기후변화에 관한 정부간 협의체(IPCC)

기후변화에 관한 정부간 협의체(IPCC)는 유엔의 세계기상기구
(WMO)와 환경계획(UNEP)에서 1988년에 설립한 조직입니다.
1990년부터 '기후변화에 관한 국제연합 기본협약'에 관한 보고서
를 작성하여 발행 중입니다. 현재 80여 개 국가에서 800여 명의 과
학자, 1,000여 명의 저자, 1,000명 이상의 전문가가 참가해 기후
변화에 관한 과학적인 근거를 제공하고 있습니다.

43 역대 가장 더운 여름

세계기상기구의 발표에 따르면 매년 가장 더운 여름을 갱신하고 있습니다. 그렇지 않은 시기도 있지만, 최근 10년을 묶으면 확실히 예전보다 더워졌습니다. 어르신들은 종종 에어컨 없이도 더위를 견뎠다고 자랑하지만, 그때는 지금보다 시원해서 가능했을 것입니다. 반대로 아이들은 자신의 인생에서 가장 시원한 여름을 지내고 있을 수도 있습니다. 지금은 에어컨으로 견딜 수 있지만, 역대 가장 더운 여름이 지속된다면 앞으로 더 많은 것들이 필요할 수도 있습니다.

◆ 온실가스

온실가스는 지구 대기 중에서 온실효과를 내는 기체들을 의미합니다. 특히 이산화탄소, 메탄, 아산화질소, 수소불화탄소, 과불화탄소, 육불화황의 온실효과가 매우 강력합니다. 그중 이산화탄소는 온실가스의 80퍼센트를 차지하는 주범이라 다른 5개의 배출량도 이산화탄소를 기준으로 환산해 표시합니다. 산업혁명이 시작되던 1800년 무렵과 비교해서 현재 대기 중의 이산화탄소의 농도는 50퍼센트나 증가했습니다.

44 한국의 기후변화

기상청에서 100년 이상 기상 관측을 해온 6개 지점(서울, 인천, 강릉, 대구, 부산, 목포)의 '일 평균, 최고, 최저' 기온 등을 분석해 '우리나라 109년(1912~2020년) 기후변화 분석보고서'를 내놓았습니다. 이 보고서에 따르면 과거 30년(1912~1940)과 최근 30년(1991~2020)을 비교했을 때 한국의 연 평균 기온이 1.6도나 상승했다고 합니다. 그리고 봄과 겨울의 기온 상승이 뚜렷하고, 여름이 길어졌으며, 강수일수는 줄었는데 강수량은 늘고 있다는 것을 확인할 수 있습니다.

◆ 기후위기로 인한 불평등

기후위기는 인간의 다양한 활동으로 나타났으며, 식량, 안보, 경제 등 사회 시스템과 생명을 위태롭게 합니다. 이러한 위협은 외부의 요인들과 결합하면서 사회경제적으로 취약한 계층에 집중적으로 피해를 줍니다. 더위와 관련한 질병과 전염병 등이 취약계층에서 많이 증가한 것이 그 결과입니다. 따라서 기후위기에 제대로 대응하려면 불평등 해소와 사회적 약자를 보호하려는 노력을 함께 해야 합니다.

45 2100년,
조개가 사라진다

IPCC의 보고서에 따르면 2100년에는 조개의 생산량이 80퍼센트나 감소한다고 합니다. 기후위기로 바다가 점점 산성화되면서 조개나 산호의 껍질이 얇아지거나 구멍이 뚫리고 있기 때문입니다. 조개는 전 세계 어획량의 8퍼센트에 불과하지만, 개발도상국 해안 지역의 거주민에게 중요한 식량원입니다. 조개가 사라지면 그 피해는 직접적이고 가혹합니다. 또한 조개와 산호는 다른 종들의 서식지를 제공하기 때문에 해양 생태계의 연쇄적 붕괴를 촉진하는 계기가 될 수 있습니다.

◆ 해양 산성화

바다는 지구에서 발생하는 이산화탄소의 23퍼센트를 저장합니다. 현재 바다에 녹는 이산화탄소의 양이 많아지면서 바다가 산성화되고 있습니다. 바다의 이산화탄소 흡수량은 이미 산업화 이전보다 2~3배나 많아졌습니다. 산업화 이전 한반도 주변 바다의 수소이온 농도지수(pH)는 8.2였는데, 현재는 8.0까지 내려왔고, 2100년에는 약 7.65~8.05까지 내려갈 것으로 보입니다.

46   점점 가라앉는 한반도

한국환경연구원은 기후위기로 한반도의 해수면이 최대 2미터까지 올라갈 수 있다고 분석했습니다. 현재 한강 여의도 구간이 해발 2미터인데, 해안선이 이곳까지 올라오는 것입니다. 게다가 서해안은 밀물과 썰물의 차가 5미터 이상이어서 큰 피해가 예상됩니다. 부산의 경우 해수면 상승으로 연간 피해액이 2070년에 3조 6천억 원, 2100년에는 8조 9천억 원을 넘을 거라는 연구 결과도 있습니다. 지금부터 해수면 상승에 따른 대비책을 미리 세워야만 합니다.

◆ 해수면 상승

전 세계 해수면은 2013년부터 2021년까지 연평균 4.5밀리미터씩 상승했고, 2021년에 역대 최고치를 경신했습니다. 이것은 1993~2002년에 상승한 비율의 두 배 이상이며, 주로 남극의 빙하가 녹은 탓입니다. 해수면 상승은 수억 명의 해안 거주민에게 주요한 영향을 끼치며, 열대성 폭풍에 대한 취약성을 증가시키고 있습니다.

47 모든 재해는
기후위기 때문일까?

홍수나 가뭄이 발생하면 늘 등장하는 논란이 천재(天災)인가 인재(人災)인가 하는 것입니다. 천재라는 주장은 주로 정부나 전문가들에게서 나오는데, 기후위기 탓으로 책임을 돌려 자신들에 대한 비난을 회피하면서 관련 예산을 확보하는 수단으로 이용합니다. 반면 주민들은 인재를 주장하는데, 책임을 분명히 하면 보상을 받는 데 유리하기 때문입니다. 자연재해가 발생했을 때 기후위기를 빌미로 책임을 회피하는지 살펴볼 필요가 있습니다.

◆ 기상 통계의 문제점

자연재해가 날 때마다 정부와 언론은 기록적인 통계들을 거론합니다. 2022년 서울의 홍수는 300년 빈도, 2020년 섬진강의 홍수는 200년 빈도라고 합니다. 아무리 기후위기라고 하더라도 매년 수백 년 빈도로 자연재해가 발생할 수는 없습니다. 실상은 정부가 2022년은 시간 강수량, 2020년은 3일 강수량 등으로 기준을 수시로 변경했기 때문입니다. 하지만 이렇게 통계를 짜깁기하면 상황이 왜곡되어서 대책을 세우기 더 어려워집니다.

48 기후위기에 맞서 더 많이 개발할 것인가?

서울시는 강남역 침수 이후 100년에 한 번 올 수 있는 폭우에 대비해서 9,000억 원 규모의 '대심도 빗물배수 터널' 계획을 발표했습니다. 이는 100년에 한 번 쓰는 시설을 설치하고, 99년 동안 관리와 운영을 위한 비용을 부담해야 한다는 뜻입니다. 100년에 작동하는 시설이니 효과나 안전성에 대한 검증이 쉽지 않습니다. 그렇다면 모든 재해를 방어하는 대신 인명피해가 없도록 집중하면서, 보험을 통한 보상이나 피해 저감 대책 정도로 타협하는 것은 어떨까요?

◆ 회복탄력성(Resilience)

재해를 완벽히 통제하기 어려워지면서, 언제 쓸지도 모르는 시설을 짓는 것에 의문이 커지고 있습니다. 그래서 큰 피해를 줄이기 위한 시설은 건설하되, 심각한 위험시 주민은 대피하고, 피해가 난 이후에 빠르게 복구하는 정책이 관심을 받고 있습니다. 자연의 기능을 지나치게 훼손하지 않도록 하천의 형태를 복원하고, 동네를 잘 아는 주민들에게 대비와 회복 과정에서 중요한 역할을 맡기는 것입니다. 홍수와 가뭄과 더불어 살자는 것은 이런 의미입니다.

49   자연을 보호하면
재해가 줄어들까?

IPCC의 '기후변화 영향·적응·취약성 보고서'에서는 온실가스의 감축뿐만 아니라, 기상 이변에 적응하는 정책과 실행의 필요성을 강조하고 있습니다. 이미 기후위기의 영향은 피할 수 없으므로, 피해를 보더라도 빨리 회복될 수 있는 회복탄력성이 높은 대책을 마련하라는 의미입니다. 여기서 토지나 해양 등의 보호와 복원, 생물다양성 유지 등 자연과 생태계의 중요성이 주로 강조되고 있습니다. 기후위기의 주요한 대책이 바로 자연을 지키는 것입니다.

◆ 맹그로브 숲

맹그로브는 열대 및 아열대의 해변이나 하구의 습지에 자라는 나무입니다. 이러한 지역은 하천이나 바다에서 흘러온 유기물 덕분에 나무가 울창하고 생물들의 훌륭한 서식지가 되고 있습니다. 지금까지 양식장과 관광지 개발로 맹그로브 숲을 파괴하는 경우가 많았습니다. 그러나 맹그로브 숲의 수질 정화 기능과 자연 방파제 역할 등이 주목받으며 보호를 위한 목소리도 높아지고 있습니다. 유네스코는 7월 26일을 '국제 맹그로브 생태계 보존의 날'로 지정했습니다.

50

기후단체
350

현재 425ppm에 달하는 온실가스를 350ppm까지 줄이자는 단체의 이름입니다. 급격하게 증가하는 탄소 배출을 생각하면 어림도 없는 주장입니다. 2000년부터라면 이산화탄소 배출량을 매년 4퍼센트씩만 줄여도 가능했으나, 2023년부터라면 매년 20퍼센트씩을 줄여야 합니다. 하지만 프레온가스 배출량을 줄여서 남극과 북극의 오존층을 복원한 사례를 기억한다면, 어떻게든 해내야 할 과제입니다. 중요한 건 기술이나 예산이 아니고, 각 나라의 실행 의지입니다.

◆ 탄소중립 추진전략

탄소중립은 인간의 활동에 의한 온실가스 배출을 최대한 줄이고, 남은 온실가스는 흡수 또는 제거해서 실질적인 탄소 배출량을 0으로 만든다는 개념으로 '넷-제로(Net-Zero)'라고도 합니다. 이 전략은 지구적 차원에서 추진 중인데, 2015년 12월 유엔 기후변화협약 당사국총회에서 채택한 협정입니다. 한국 정부도 2020년 12월 '2050 탄소중립 추진전략'을 발표했는데, 너무 늦고 소극적이라는 비판을 듣고 있습니다.

칼럼 9. 툰베리와 한국의 청소년기후행동

스웨덴의 청소년 기후운동가인 그레타 툰베리는 2018년 8월 "기후위기에 적극적으로 대응하지 않는 정치인들의 책임을 물어야 한다"라고 주장하며 매주 금요일마다 등교 거부 시위를 했습니다.

그레타는 '미래를 위한 금요일(Fridays For Future)'이라는 해시태그로 자신의 활동을 알렸고, 등교 거부 시위는 전 세계로 퍼져나가 2019년엔 105개국의 청소년들이 등교 거부에 함께 참여했습니다.

한국에서도 기후위기에 맞서 청소년들이 활동하고 있습니다. 바로 청소년기후행동(청기행)입니다. 이들도 툰베리의 뜻에 공감하며 등교 거부 시위를 했고, 2020년 3월에는 '정부의 불충분한 기후대응이 청소년의 생존권, 환경권, 인간답게 살 권리, 평등권 등의 기본권을 침해한다'라는 요지의 기후 헌법소원을 헌법재판소에 청구하기도 했습니다.

청기행은 기후위기로 생태계가 붕괴하고 재해가 일상

화된 미래에서 그 피해와 책임을 견디며 살아가야 하는 '당사자'이기에 행동한다고 밝히고 있습니다. 화석 연료에 의존해 번영을 누린 것은 이전 세대지만, 그로 인한 피해는 고스란히 우리에게 대물림될 것이고, 미래 세대가 정책 결정의 자리에 오른 시점에는 기후위기를 되돌릴 방법이 없으므로 지금 행동한다는 것입니다.

청기행의 활동으로 교육청에서 주거래은행을 선정할 때 석탄발전소에 투자하지 않는 은행을 우대한다는 규정을 만들고, 학교 급식에서 채식을 할 수 있는 선택권도 도입했습니다.

나비의 날갯짓처럼 미세한 변화가 엄청난 결과를 불러올 수 있다는 '나비효과' 이론처럼, 지금 기후위기에 맞선 청소년의 작은 행동이 세계를 움직이고 있습니다. 기후위기라는 거대한 쓰나미를 되돌릴 가능성이 아직 있다는 사실을 알려준 것입니다. 세상을 움직이는 사람이 따로 있는 게 아닙니다. 누군가 움직이면 세상은 바뀔 수 있습니다.

칼럼 10. 사람을 미워하면서
지구를 구할 수는 없지 않은가?

프랑스에서 제작한 다큐멘터리 〈애니멀〉에는 동물보호와 기후위기를 진심으로 고민하는 열여섯 살의 벨라와 비풀랑이 등장합니다. 이들은 미래를 위협하는 원인과 대안을 찾아서 전 세계를 여행합니다. 그리고 유럽의회 의원, 고생물학자, 경제학자, 침팬지 박사 제인 구달, 도시 농부와 축산업자, 해안의 쓰레기 청소 활동가 등을 만나서 거침없이 질문하고 날카롭게 따집니다.

벨라와 비풀랑은 그러한 과정을 통해서 인간이 지구의 모든 생물과 얼마나 긴밀하게 관계를 맺고 있으며, 생물다양성을 보존하는 것이 인간의 미래와 어떻게 연결되는지 알게 됩니다. 그리고 다른 생명과 동물에 대한 존중과 사랑이 우리의 삶을 가능하게 만든다는 사실도 깨닫습니다. 다큐멘터리의 마지막 대사가 "사람을 미워하면서 지구를 구할 수는 없지 않은가?" 였습니다.

『기후변화, 이제는 감정적으로 이야기할 때』의 저자인 레

베카 헌틀리는 아직도 기후위기를 외면하고 행동을 유보하는 이들에게 영향을 주기 위해서 감정에 집중해야 한다고 이야기합니다. 헌틀리는 그중에서도 '사랑'이라는 감정을 중시합니다. 지구가 무너지고 있는데 기후변화와 사랑이라니. 어울리지 않는 단어의 조합처럼 보이지만 그녀는 '사랑으로 출발하라'고 말합니다.

나와 주변 사람들이 아끼는 장소, 음식, 직업, 취미 등 뭐든지 괜찮다고 합니다. 이처럼 우리가 지키고 싶은 대상과 기후위기의 연관성을 찾아내는 일이 지구를 구하는 첫걸음이 될 수 있습니다. 기후위기가 다가오고 여섯 번째 대멸종이 진행되는 것은 이미 과학적인 사실이니, 더 많은 논리가 아니라 마음을 움직이는 이야기에서 시작하자는 뜻입니다.

기후위기로 암울한 소식을 접할 때마다 눈앞의 이익을 위해서 환경을 돌보지 않았던 이전 세대를 원망하는 마음이 생기는 것도 당연합니다. 하지만 아직 희망은 있고, 세상에는 좋은 사람들도 많습니다. 생명과 미래를 위하는 이들과 손을 잡고 함께 앞으로 나아가야 할 때입니다.

나오며

물에 대한 작은 책을 한 권 쓰면서 참으로 많은 것을 배웠습니다. 물이 가진 천의 얼굴들, 물이 하는 다양한 역할들, 물에 얽힌 문제들을 정리하며 이들이 서로 연결되어 있다는 사실이 참 신기했습니다.

이제껏 물은 세상의 모든 일에 관여하기에 가장 흔하고, 만사에 결정적인 영향을 미치고 있어서 귀한 존재였습니다. 겉으로 드러나지 않으면서 꼭 필요한 역할을 하고, 무리하지 않으면서도 자연스럽게 세상을 돌아가게 만들고 있습니다. 저는 물과 관련한 문제를 풀면 세상이 더 좋아지고, 물을 통해 세상의 일들에 관여할 수 있다는 점에서 매력을 느낍니다.

책을 시작하며 여러분이 '우리의 지구, 우리의 강, 우리의 기후를 좀 더 가깝게 느끼고 좋아하는 기회가 되기를 바란다'고 말했습니다. 그 바람이 조금이나마 이루어졌기를 바라고, 나아가 작은 일이라도 시작할 수 있다면 더 고맙겠습니다. 세상의 모든 문제를 해결할 수는 없지만, 우리의 자리에서 할 수 있는 일들이 분명히 있습니다.

참고로 저는 친구들과 하천에 수달이 함께 살게 하자는 캠페인을 하고 있습니다. 그런데 수달의 똥을 조사하다 보니 여기서도 플라스틱이 종종 나옵니다. 하천 생태계의 최고 포식자인 수달이 직접 또는 간접적으로 플라스틱을 섭취한 것입니다. 그래서 친구들과 쓰레기 줍기를 더 열심히 하게 됐습니다. 쓰레기 하나를 줍는 것만으로도 한강의 수달을 살리고, 태평양의 알바트로스도 살리는 것이라고 믿고 있습니다.

책을 마치며 마지막으로 말씀드리고 싶은 것은 사랑하고 즐기고 나누자는 것입니다. 관심을 두고 사랑하지 않으면 지킬 수 없고, 자연의 아름다움에 기뻐하지 않으면서 진심으로 행동할 수 없고, 세상의 좋은 사람들과 손잡아야 길이 있기 때문입니다.

많은 이들이 물을 살리고 기후를 지키는 게 어려운 일이라고 외면한다면 그 일을 해보겠다고 나서는 사람들은 더 어렵고 외로울 것입니다. 큰 문제도 여럿이 힘을 합친다면 훨씬 쉽게 해결할 수 있습니다. 세상의 일에 관심을 두고 지금 우리가 할 수 있는 일부터 해봅시다.

물이라는 세계

초판 1쇄 발행일 2023년 8월 15일

지은이 염형철

그린이 도아마

펴낸이 김상기

펴낸곳 리마인드

출판등록 제2021-000076호(2021년 9월 27일)

주소 서울특별시 은평구 응암로14길 1-15, 801호

전화 070-8064-4518 **팩스** 0504-475-6075

이메일 remindbooks@naver.com

편집 김상기 **디자인** 나침반

인쇄 · 제본 명지북프린팅

ISBN 979-11-979637-4-2 44300
        979-11-979637-3-5 44080 (세트)